1

©2017, Michel LEPHILIPPONNAT
Editeur : BoD – Books on Demand,
12/14 rond-point des Champs-Élysées, 75008 Paris
Impression : BoD – Books on Demand, Allemagne

ISBN 9782322085972 - Dépôt légal : novembre 2017

939 SAINT-ULPHACE (Sarthe) — Vue générale

AVANT PROPOS

Intrigué depuis plusieurs années par ce petit village pittoresque et son église de style gothique, je me suis rendu à la mairie de Saint-Ulphace afin de me renseigner sur l'origine profonde et historique de la commune. Une documentation me fut remise délivrant tous les mystères de ce village dont le passé ne manque pas d'intérêt. Soulignons que ce guide historique et touristique a pu prendre forme grâce à mes recherches dans les archives départementales de la Sarthe, et grâce aussi à l'aide trouvée auprès de Monsieur le Maire, Alain Couturier. Il existe une véritable documentation de plusieurs dizaines de pages, couvrant la totalité de l'historique de Saint-Ulphace. Ce document se trouve aux archives départementales, au Mans.

J'ai pensé important le fait de vous livrer ces quelques informations historiques, fruits de mes recherches, relevées durant mes vacances dans ce merveilleux petit pays, que nous fréquentons depuis de nombreuses années.

Saint-Ulphace
Ses secrets d'histoire

Nous sommes au 6ème. siècle. C'est vers l'an 550 que Saint-Innocent Evêque du Mans, envoie des moines fonder des ermitages dans la région (Bonner, Almire, Avit et Calais, etc.). Ulphace, jeune homme paganiste, volontaire, vivant dans le dénuement, accepte de partir. Il se fixe à Appiacus, sur une petite éminence rocheuse à proximité d'un vallon où l'eau est abondante ; une aubaine pour les petites gens qui, pauvres, profitent de cette eau pour s'affairer aux travaux conseillés par Ulphace qui, lui, répand La Parole depuis une hutte de branchages. Il appelle les hommes et les femmes à défricher l'orée de la forêt, encourage l'agriculture et l'élevage.

Un village s'installe ensuite autour d'un modeste monastère, Saint Pierre d'Appilli, construit vers 600 sous la direction d'Ulphace, pour évangéliser les populations. Il vécut paisiblement pendant deux siècles.

C'est seulement en 770, que pour la première fois apparait le nom de « métairie-paroisse de Saint-Ulphace », dans un édit de Charlemagne.

En l'an 837, les habitations et le monastère en bois pisé et chaume sont incendiés par les Normands. Par bonheur quelques moines et habitants purent s'enfuir en emportant à Tulle les reliques de leur Saint-Patron. Il est fort probable que le sarcophage, encadré sur le mur nord du chœur de l'église, soit celui de Saint-Ulphace[1]. Une inscription y était encore visible au début du siècle, en voici une copie : venerandum sepuferum Beatissimi Ulfacie

Il est étonnant que les Normands n'aient laissé aucune trace flagrante de leur passage, pas le bâti d'une maison typiquement Normande, par exemple.

En l'an 911, par le « traité de Saint-Clair sur Epte », le roi de France, Charles le Simple, cède une province aux Normands… et Saint-Ulphace se retrouve à la frontière de la Normandie. Puis en 1066, le Duc de Normandie, Guillaume le Conquérant, devient roi d'Angleterre, il a pour vassal, le puissant seigneur de Montmirail, le Baron Gautier. Il lègue la Métairie de Saint-Ulphace au prieuré St-Denys, de Nogent le Rotrou, dont les moines reconstruisent, deux siècles après sa construction, le monastère de Saint-Pierre d'Appilli à proximité de l'église. (Ne sortez pas votre appareil photo, il ne reste aucune trace de ce passé englouti par le temps).

Il est rare de tomber sur un village qui semble si discret dans son histoire et qui renferme autant de souvenirs royaux.

Allant du XIIème au XVème siècle, Saint-Ulphace, à la limite de la Normandie et du Maine (province rattachée définitivement au royaume de France par Louis XI en 1468), est écartelée entre les possessions anglaises et françaises et souffre de rivalités territoriales entre les seigneurs locaux

---

[1] Ce sarcophage fut descellé et ouvert en 1850. On y trouva des débris d'ossements qui, à l'époque, ne purent être analysés, et pour cause.

faisant alliance avec l'un ou l'autre roi. Il en résulte que les villageois sont rançonnés, pillés, violés, tués, surtout pendant la guerre de Cent-ans (1337-1453), des bandes de mercenaires et de brigands connus sous le nom des Ecorcheurs sévissent durant les années de mauvaises récoltes. Pour comble, Saint-Ulphace subira en plus trois épidémies de peste, rendant le village exsangue. A la suite de l'épopée célèbre de la brave Jeanne-d'Arc, la Pucelle d'Orléans, en 1453, Charles VII chasse définitivement les Anglais de France.

Dès la seconde moitié du XVème siècle, avec la paix et la reprise des activités, la population augmente rapidement (127 feux, soit un peu moins de 600 habitants en 1748, puis 846 en 1806, pour culminer en 1825 jusqu'à 1000 habitants).

Chronologie des bâtiments d'après des plans de Jacques Béasse qui a fait un remarquable et énorme de travail de recherches et d'études sur l'église et la chapelle seigneuriale.

Au milieu du XVème siècle, la petite église carolingienne (Xème / XIème siècle) détruite par les guerres seigneuriales est reconstruite. Elle s'élevait à l'emplacement du chœur actuel. Dans le mur Nord du Chœur, est encadré un sarcophage, le tombeau de Saint-Ulphace selon la légende.

En 1502, sous Louis XII, Jehan de Saint-Père, seigneur de Courtangis et Saint-Ulphace, et Béatrice de Montfaucon, sa femme, fondent une collégiale de quatre chapelains, dépendante de leur château (dont on ignore aujourd'hui l'emplacement). Une chapelle placée sous le patronage de Sainte Barbe[2], est édifiée contre le mur côté Sud de l'église paroissiale.

Arrière de l'église

Vitraux de l'église de St-Ulphace

Fronton de la Chapelle Sainte Barbe

[2] Sainte Barbe, née en 173 se convertit au christianisme malgré l'opposition de son père. Sous le règne de l'empereur Maximilien, elle fut martyrisée puis décapitée par son père, qui périt foudroyé. Patronne des pompiers, des mineurs, on l'invoque pour se protéger des orages, des incendies et des morts subites

Saint-Ulphace
Son église-chapelle

A Saint-Ulphace, une tradition voulait que lorsqu'une nuée menaçante apparaissait à l'horizon, le premier habitant averti allumait un cierge dans la chapelle Sainte-Barbe.

Appuyée sur le côté de la petite église paroissiale du XVème siècle, sa voûte de style gothique rayonnant a nécessité six contreforts côté sud : elle est éclairée par d'élégantes fenêtres gothiques étincelantes de par leur finesse. Face au chœur, à droite de l'autel, un magnifique lavabo décoré avec beaucoup de raffinement d'accolades et de pinacles. Les clefs de voûte de la nef représentent Dieu le Père, un motif de feuillage et la couronne d'épines.

En 1911, ce monument est déclaré monument historique en raison de son architecture gothique finissant, le gothique flamboyant. Son porche, d'ailleurs, est typique de ce style par son décor : accolade (en forme de flamme) ornée de grappes de raisin et feuilles de vigne, crosses et fleuron sur le fronton. De chaque côté, des pilastres décorés de pinacles et trois dais subsistent. Ils abritaient des statues.

Comme nous pourrons l'apercevoir, l'édifice se caractérise par deux bâtiments distincts qui, à l'origine, ne communiquaient pas. Cette église paroissiale mérite un détour. Elle fut mise sous le patronage de Saint-Ulphace, et possède de merveilleux vitraux bien entretenus. Ceux-ci font la fierté des paroissiens de Saint-Ulphace et des villages environnants.

Dédiée à Sainte-barbe, elle présente, comme cela se doit, une architecture beaucoup plus avenante, son squelette un chœur à trois pans, une nef de deux traversées, lumineuse par la construction de cinq élégantes fenêtres du style gothique flamboyant. Elle est composée d'un chœur de deux travées et d'une nef de trois travées et présente une architecture très sobre, sans fanfaronnade, et de proportions satisfaisantes.

Son côté gothique se remarque dès le premier coup d'œil. Son arc de voûte s'appuyant sur une colonne engagée sans chapiteau indique une conception de la fin du style gothique. Une curiosité sans l'être vraiment : sur le mur nord de la nef une gracieuse statue de bois avec traces de polychromie datant du XVIème siècle trône de manière à être aperçue de tous. Une douceur sur fond glacial vous donne des frissons. On ressent que ce bâtiment fut construit sous certaines contraintes. Mais au bout de quelques instants, l'atmosphère devient reposante et l'on peut remarquer que le maître-autel présente un retable érigé au début du XVIIIème siècle, surmonté d'une statue de Saint-Ulphace.

Au centre, un tableau élaboré de façon naïve a été exécuté en 1820 par Roger Duval, un artiste peintre de La

Ferté-Bernard. S'il vous plait, penchez-vous du côté gauche du tableau. Vous pourrez lire une petite phrase de l'auteur (j'ai exécuté ce tableau en 20 heures). Cette performance représente une maîtrise dans la foi de cet artiste.

L'Image de la Vierge qui porte l'enfant au sommet de l'arbre de Jessé, entourée du roi Salomon avec son spectre et du roi David avec sa harpe, se trouve dans la partie inférieure.

D'autres rois de l'ancien testament y étaient peut-être représentés.

L'extérieur de l'église ne manque pas non plus d'intérêt. Celui de la chapelle Sainte-barbe est de style moyenâgeux avec une accolade ornée de grappes et de feuilles de vignes. La vigne en cette période étant un symbole universel.

Malheureusement, la révolution française fut une période néfaste pour les églises, et les pilastres qui supportaient les statues furent abattus, et il n'en reste que les dais[3] qui les abritaient.

Le blason qui orne le fronton, placé en 1553, est celui de « Le Roy de Chavigny », petit-fils du fondateur de la Chapelle, qui fut seigneur de Saint-Ulphace et Capitaine des gardes de Henry II. L'Ecu est entouré du collier des chevaliers du Saint-Esprit. Les deux édifices étaient situés sur un monticule. Ils étaient entourés d'un cimetière, qui fut déplacé en 1845 lors de l'élargissement et du nivellement de la place, (ce qui explique la présence des deux escaliers d'accès).

---

[3] Petite voûte en surplomb, ornementée, couvrant l'emplacement réservé à un siège, à une statue, etc.. (réf. Petit Larousse)

Poursuivons notre périple autour du joyau du village avec cette verrière pour le tympan : des anges musiciens de l'orchestre céleste, et les lancettes (la vierge et l'enfant et quatre rois de l'ancien testament).

Elle est attribuée à Robert Courtois, auteur des vitraux de Notre Dame des Marais de la Ferte-Bernard. Récemment restaurée, elle est d'un grand intérêt pour les parties du XVIème siècle. Les registres inférieurs sont du XIXème siècle, et représentent L'Arbre de Jessé.

La Vierge et l'Enfant, vitrail qui a un nombre important de verres d'origine (XVIème siècle), est un chef d'œuvre de la fin du moyen âge et de la renaissance, selon Didier Alliou[4] dans une étude sur les verrières de Saint-Ulphace.

Quelques années après l'édification de la chapelle Sainte Barbe, 1ère moitié du XVIème siècle, suite à l'augmentation de la population, l'église carolingienne est agrandie de trois travées en les bâtiments existants : un côté prolonge le mur nord de la chapelle et l'autre raccorde les deux anciennes travées à une tour carrée précédemment construite, vraisemblablement une ancienne chapelle voûtée d'une croisée d'ogives dont il subsiste les arrachements et les culots d'angle. Surélevée, elle devînt le clocher actuel. Cet agrandissement aboutit à un décalage de 1 mètre entre l'axe du Chœur et de celui de la nef.

---

[4] Maître peintre-verrier, décédé en 2013 à l'âge de 56 ans

N.B. : Jacques Béasse en a apporté la preuve : L'église paroissiale, ainsi agrandie au XVIème siècle, a une voûte en pierre à croisées d'ogives de style gothique. Ce type de voûte, rare dans une église rurale, a été précédé par un plafond lambrissé en bois. Jacques Béasse, suite à une visite dans les combles de la nef dans les années 1990 :
« La base du poinçon et les extrémités de l'entrait[5] présentent des motifs. Ce qui suppose que les voûtes ont été faites après coup. »

L'élégant portail de l'église paroissiale style Renaissant apparut au milieu du XVIème siècle.

En 1553, François Le Roy de Chavigny, Comte de Clinchamp, petit-fils par alliance de Jehan de Saint-Père, offre à l'église paroissiale un beau porche de style renaissance, inscrit à l'inventaire supplémentaire des monuments historiques en 1926. A visionner pendant la visite de cette église, le blason comtal de François Le Roy de Chavigny, les armoiries de François le Roy de Chavigny sont sculptées vers 1560 aux frontons des porches de l'église et de la chapelle : le blason est entouré du collier de l'ordre des chevaliers du Saint-Esprit avec la médaille de Saint-Michel, en bas.

A prendre en compte que François Le Roy de Chavigny était un personnage important à la cour du roi Henri II : conseiller d'Etat, Capitaine des gardes du roi,

---

[5] L'entrait (ou tirant) - terme de charpente - est un élément de la ferme. C'est une pièce de bois horizontale qui sert à réunir les arbalétriers et qui est posée à ses extrémités sur les murs gouttereaux, éventuellement dans un empochement (qui laisse passer l'air autour de l'entrait, pour éviter le pourrissement).

Chevalier de l'ordre de St-Michel, il possédait un château sur la paroisse de Saint-Ulphace. On ignore à ce jour l'emplacement de ce château.

Dans le chœur de la chapelle, à gauche de l'autel, la statue de bois (trace de couleurs). L'éducation de la Vierge (Seconde moitié du XVIème siècle) inscrite à l'inventaire supplémentaire des monuments historiques ; Sainte-Anne, le doigt pointé sur un livre (vous remarquerez que sa main est en mauvais état) enseigne à la vierge, par la lecture, ce que sera son rôle de Mère du Messie.

Côté Nord de la nef de l'église paroissiale, la statue de Saint-Sébastien, aisément reconnaissable par ses flèches, vient d'être restaurée. Une autre statue en bois polychrome de Saint-Ulphace au sommet du retable de style baroque du maître autel de l'église paroissiale.

Du XVIIème au XIXème siècle, le retable baroque du grand autel, la tour-clocher et les emmarchements de l'église et de la chapelle furent construits suite au déplacement du cimetière et au nivèlement de la place.

Le retable du grand autel (XVIIème siècle) tranche par ses riches ornements avec la sobriété de la nef, inscrite à l'inventaire. Il représente tous les motifs du style baroque.

Il est surmonté d'une statue de Saint-Ulphace qui était en bois polychrome. Les statues de Saint-Joseph et de Saint-Sébastien, disproportionnées par rapport à l'ensemble, datent du XIXème siècle.

Le tableau central, de facture naïve est de Roger Duval, peintre fertois (1820) (*p14*)

N.B. : J'ai remis Roger Duval en ligne de mire car sa prouesse en valait l'instit ; dans son tableau reflète tout un enseignement divin.

Dans la nef de l'église, côté sud, existent toujours les bancs réservés depuis le XVIIème siècle à la famille du châtelain, ainsi que celui du Conseil de fabrique jusqu'en 1905. Les bancs de l'église ont une autre particularité : des strapontins escamotables en bout, côté allée central, pour tenir compte de l'importance population au XIX e siècle.

A l'angle nord-ouest de l'église, une tour avec l'imposante flèche du clocher (XVIIIème) coiffé d'un coq (remplacé en 1960) et supportant la cloche, refondue en 1954.

« Petit à petit nous arrivons au terme de nos investigations, nos recherches deviennent de plus en plus difficiles, car il m'est interdit de transcrire de fausses informations. L'apparition du style baroque est due au concile de Trente (la contre-réforme, milieu XVIème siècle, réforme en réaction a la « froideur de la réforme Protestante » ; la liturgie fut révisée en lui donnant plus de faste et en encourageant la dévotion envers les saints ». (NDLA)

En 1840, afin d'élargir les voies de communications dans le centre du village, le cimetière est déplacé et la place de l'église est nivelée et baissée : les fondations de l'église sont reprises et deux emmarchements sont réalisés. Mais la nef a été fragilisée. La chapelle Sainte-barbe ne s'ouvrit sur l'église paroissiale probablement qu'à la fin du XIXème siècle.

Enfin, faisons nos derniers pas ensemble et admirons cette chapelle Sainte-barbe, joyau architectural du style gothique flamboyant. Une dernière vue de ce bijou de la première moitié du XVIème siècle, qui a retrouvé récemment ses pinacles coiffant les contreforts : signalés en mauvais état dans un rapport en 1806 et sans doute déposés par la suite, ils ont été retrouvés à la base du clocher et remis en place à l'époque de Laurent Camus, ancien maire, décédé et enterré au cimetière de Authon du Perche et que j'ai eu l'honneur de rencontrer avant qu'il ne tombe malade.

Je vous recommande de regarder à gauche une porte murée sur le côté de l'église : son seuil correspond au niveau de l'ancien cimetière. Les chasubles anciennes, souvent avec fils d'or et d'argent, ont été redécouvertes dans la sacristie et exposées à l'occasion des journées du Patrimoine. D'ailleurs l'une d'entre elles est inscrite à l'inventaire.

Saint-Ulphace, une commune toute simple, mais qui cache des trésors historiques.

Pourquoi autant de chasubles anciennes (au moins une dizaine) à Saint-Ulphace ? Certainement parce qu'une cure isolée à l'extrémité orientale de la Sarthe accueillait des prêtres souvent âgés jusqu'en 1974.

Porte murée

Le retable

« La raison qui fit de nos ancêtres de tout temps les protecteurs des archives communales et territoriales, est que sans elles nous serions évidemment aveugles de l'histoire. De nombreux écrits brulèrent d'ailleurs au cours des conflits religieux et militaire. Malgré tout, dans un aveu, liste de biens et de vassaux établie par les seigneur de 1367, retrouvé par les Etudes Herbé, « Fief de la Lande » était le domaine de Saint-Ulphace, « le Logis Seigneurial de Gémasse» appartenant à un vassal ».

Mairie de Saint-Ulphace, rue d'Authon

*Propriété de l'acteur
Julien Boisselier,
Rue de la motte*

Bienvenue à Saint-Ulphace

Bien souvent, les camping-caristes en quête des sites intéressants des régions de France, se rendent dans les offices du tourisme, lieux privilégiés par les vacanciers intéressés par les villages étoilés ou villages fleuris. Ils sillonnent la France de régions en régions, de communes en villages On peut regretter cependant des parcours simplement axés sur la beauté des paysages plutôt que sur l'Histoire parfois pittoresque des petites cités qui s'offrent à leurs yeux ; Et ce simplement parce que des bourgs pas assez riches pour revendiquer le droit d'apparaitre sur le répertoire des villages fleuris. La Ferté-Bernard, Courgenard, Cormes, Saint-Ulphace, jusqu'à Authon du Perche en Eure et Loir ; Que de joies pour les yeux, que de plaisirs pour le palais. Cette région encore sauvage, ne peut que plaire au camping-cariste. La tranquillité, la convivialité, la découverte des églises qui cachent un patrimoine historique insoupçonné. La Sarthe, très vallonnée et verdoyante, escarpée de monts qui jalonnent les châteaux et les prairies, nous rappelle le département du Gers.

Saint-Ulphace est un charmant petit village du Perche, dont le nom n'existe nulle part ailleurs. Saint-Ulphace, un remarquable ensemble église-chapelle des XVème, XVIème et XVIIème siècles, une bourgade qui ne manque pas d'intérêt, mêlant les styles gothique, renaissance et baroque.

Il n'est pas nécessaire d'avoir trois ou quatre étoiles pour être un village accueillant. Saint-Ulphace en est une preuve flagrante. Ce petit village de 244 habitants, dont l'artère principale est fleurie du Sud au Nord, abrite une superbe église de la fin du XVème siècle et début du XVIème, plantée en son centre. Son clocher dominant se remarque dès l'entrée du village, que ce soit en arrivant d'Authon où de la Ferté-Bernard.

Un étang communal occupe une bonne partie du centre de Saint-Ulphace, une aubaine pour l'association des pêcheurs à laquelle la mairie a accordé un droit d'occupation.

Le village est situé à 15 minutes de la Ferté-Bernard, où toutes les grandes surfaces sont présentes, ainsi que l'hôpital, les centres médicaux, et le plus important, une gare.

Petits mots recueillis à Saint-Ulphace :
« L'âge avancé de nos anciens laissant leurs demeures vides, certaines bâtisses sont en vente. Ne croyez pas que ce soit parce que le village est mourant, non, la crise immobilière jouant un rôle négatif les acquéreurs se font plus rare. »[6]

Etang Communal

---

[6] *Aujourd'hui plus qu'hier, les petites communes de France se dépeuplent, au profit des grandes villes, où s'agglutine autour d'elle une périphérie où s'entasse une population débonnaire au bénéfice de l'industrie montante*

La Souette où la (Braye)   *Lavoir du XVIIIe siècle*

Le Lavoir à côté de l'ancien Moulin

L'étang communal, espace de repos unique dans la région

Une dernière vue de Saint-Ulphace, de son vallon arrosé par la Souette ou Ruisseau de Saint-Ulphace, à votre convenance, affluent de rive gauche de la Braye passant à Théligny ; du monticule visible en partie à droite et appelé Le Vieux Château, auprès duquel un lavoir est encore visible et où un ancien moulin existait jusqu'au début du XXème siècle. Le château du Fief de la Lande des seigneurs de Courtangis et Saint-Ulphace, Jehan de Saint-Père et François Le Roy de Chavigny.

En conclusion de cette belle aventure entre le rêve et la réalité, quelle belle consonance picturale entre cet authentique village du Perche, sa belle église paroissiale, qui est le trésor de cette commune, l'élégance de cette église et de cette chapelle seigneuriale, dignes d'intérêt et d'attention, perles rares d'architectures et de mobiliers.

Saint-Ulphace, petite commune accueillante, mérite d'être encore plus valorisée et vantée dans tous les offices du tourisme du Perche et des régions de France. Un petit détour s'impose pour les caristes de tous horizons. Vous recherchez le calme la verdure au bord de l'eau, la gentillesse des villageois une bonne restauration et des fêtes, Saint-Ulphace vous les offre.

Au fond de moi, je me sens être un historien en herbe, imbibé d'un profond respect pour l'histoire contemporaine, allant à travers le temps, du présent au passé lointain.

Comme tout écrivain débutant il m'a fallu me ressourcer de l'histoire, fouiller dans les archives, me servir aussi des documentations remises par l'officier d'état civil de Saint-Ulphace. Je signale que le mérite en revient tout particulièrement aux paroissiens qui œuvrèrent durant des semaines voire des mois pour dépoussiérer l'histoire de ce monument unique dans la région, dont le précurseur principal, Claude Baron, détient la biographie complète. Je me donne seulement le mérite d'avoir réouvert le passé enseveli, voire enfoui dans un certain oubli.

Pourtant, vivre heureux, c'est aussi vivre avec son passé, y découvrir les erreurs à ne pas commettre dans le futur, en sachant combien est fragile la stabilité en cette époque actuelle faite d'incertitude. De tout temps les hommes ont fait la guerre, ont détruit une partie de nos chefs d'œuvre, monuments, cathédrales, ponts, bâtisses etc.

Mais grâce aux archives les historiens ont pu faire ressurgir ou revivre le passé.

Une petite vision du village par lui-même

« Dans le bulletin municipal, monsieur le Maire et ses Conseillers, ont opté pour une certaine rigidité concernant l'hygiène de la commune (voire propreté des terrains adjacents au village, parfois laissés en friche, où bâtiments abandonnés, etc...).

Une commune, c'est le bien de tous géré par une poignée d'élus qui ont la charge de faire respecter la loi. Il est important qu'il y soit établi une certaine complicité entre les intervenants. Pour ce faire il faut que chacun, chacune des Saint-Ulphaciens en prenne conscience.

Dans l'ensemble, Saint-Ulphace est une commune paisible et les conflits y sont absents. Surtout je ne veux pas qu'il y ait d'amalgame avec une quelconque intention politique de ma part. Vacancier, je me dois de me conformer aux règles de la commune ».

N.B.: Je tiens à préciser que partout où notre métier (correspondant et photographe de presse en Gironde), nous a conduits mon épouse et moi, nous avons rarement vu une commune homogène entre les élus (es) communaux et les citoyens.

Le français n'est pas particulièrement un personnage discipliné.

Ce qui me retient dans ce village ? Le calme, l'air pur que l'on ne retrouve pas dans les grandes villes, la convivialité des riverains très avenants, ce côté pittoresque où seulement quelques pavillons modernes passent inaperçus dans l'ensemble de ces maisons anciennes qui ont survécu au modernisme de notre époque. Ce petit marché qui chaque samedi propose des légumes Bio, et différents produits de la ferme, cidre, vin, miel etc. Puis le boulanger qui passe dans chaque ruelle et propose son pain cuit dans la nuit, croustillant à souhait. Il se rend auprès des villageois et rien ne manque dans son camion aménagé dans les règles de l'hygiène exigées par la loi. Je pourrais jurer que je n'ai jamais dégusté un croissant aussi délicieux, au point qu'il est préférable de la commander d'avance. Ce boulanger très accueillant propose du pain au choix, « bien cuit ou plus tendre », demande le boulanger à la grand-mère. C'est impressionnant de voir ces villageois groupés au carrefour (plein centre du village) à attendre leur boulanger, une opportunité pour ces personnes âgées, de converser avec le voisin qu'on rencontre seulement le jour où les commerces ambulants passent à Saint-Ulphace. Cet étang racheté par la commune et qui est un lieu de recueillement. Il existe aussi d'autres étangs privés, qui ne manquent pas de charme.

En bref, il ne manque rien à Saint-Ulphace. Les grandes surfaces telles que Leclerc, Leader Price, Carrefour, Shopi, sans oublier la gare, sont à 15 minutes du Village. Vous avez tous les avantages sans les inconvénients, c'est merveilleux.

Monsieur l'épicier Paris et une
vacancière de juillet/Août

Le Bar, restaurant

Le restaurant « La Brasserie du Midi »

Il est difficile de trouver plus compétitif que le prix proposé, à ce jour 12 euros 80 le repas. Pour avoir l'an passé déjeuné dans ce restaurant, je peux dire avoir dégusté un repas digne de la campagne, où quantité et qualité sont présentes.

Amis Caristes qui vous déplacez dans toute la France, et qui en principe faites une halte au château le Marquis de Vauban à Blaye 33390, je vous garantis que la découverte de cette table, de ce village, de cette superbe église mérite un séjour de quelques jours.

Parc de M. Blanchard
Maçon

Ce n'est pas sur les trottoirs de la ville sous la pollution que vous verrez pousser des milliers de fleurs sauvages à portée de main et chez vous. Voir des chevreuils aux portes des villageois, entendre le gazouillis des oiseaux. Entendre le carillon de l'église qui vous annonce que la nuit approche.

Anita, blayaise, émerveillée devant de tels trésors

A la convenance de chacun, les Saint-Ulphaciens fleurissent leur jardin.

Chez Jeanine : « J'aime les fleurs et puis on fleurit d'abord pour soi, pour vivre en harmonie avec la nature », me confie-t-elle.

Jardin fleuri de Jeanine 87 ans retraitée

Le village n'est pas sans vie. Les habitants de Saint-Ulphace, même sans étoile, enrichissent leurs murs, leurs façades, leurs jardins, afin de plaire au touriste de passage.

Messieurs et mesdames les caristes, je connais bien vos besoins, en principe vous êtes des milliers à venir visiter notre Citadelle de Vauban à Blaye, et passer 24 heures au château le Marquis de Vauban. Je vous le rappelle, un détour par la « Ferté-Bernard » puis ensuite jusqu'à Saint-Ulphace, et Authon du Perche valent le détour.

Le château de Gémasse

Cette demeure fut bâtie en 1850.

Madame Véronique Le Motheux du Plessis en assure la direction depuis le décès de son mari.

De merveilleux châteaux trônent en haut des coteaux. Les châtelains nous font découvrir leur cidre fermier, un délice pour le palais. Et l'on y retrouve les meilleures volailles de France, ainsi que les meilleures rillettes.

Lac privé sous surveillance, à la responsabilité des intrus qui pénètre sur un terrain privé et clôturé.

Croix cachée dans un fourré, que nous avons découverte avec mon épouse.

Merci au pêcheur qui m'a autorisé à vous montrer cette fille de l'étang

Des Bourgognes par centaines lors d'un orage.

20 heures 30 : deux chevreuils à 500 mètres du village, broutent paisiblement (photographiées au zoom, les photos sont moyennes). Je suis un chasseur d'image sans plus. Mais la chasse permet un juste équilibre, sans quoi cela ferait désordre, se trouver face à un sanglier devant sa porte, ça fait froid dans le dos.

La rue de l'Espérance, convoité par les marcheurs, les VTT, les touristes en quête de découvertes.

Les Camping-cars à la recherche d'un coin tranquille pour quelques jours, ils arrivent du Gers, de Bretagne, de Bordeaux etc…. Un bon début pour 2017, 2018 sera nettement meilleur. Avec un comité des Fêtes de plus de 50 ans d'existence, quoi de mieux.

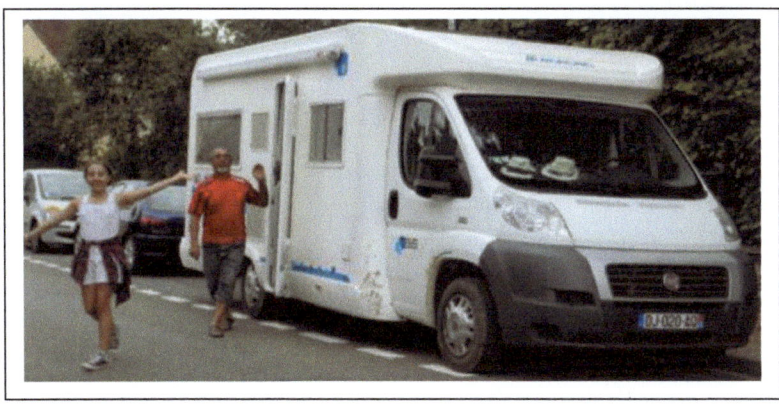

N'est-ce pas le paradis pour ses Gersois ?

Une dernière image de ce magnifique département, duquel nous ne nous lasserons jamais mon épouse et moi-même.

Petit lotissement à l'entrée du village

Voilà… Merci, d'avoir pris le temps de lire ces quelques pages concernant votre bien à tous. Car un village c'est une communauté qui doit vivre en osmose avec l'avenir. On dit souvent « mon village », « ma maison » ; le mot « mon » est synonyme de possession. Alors apportons-lui un sens collectif et comprenons qu'il est de l'intérêt de chacun de préserver le bien d'autrui, puisqu'il appartient (toute proportion gardée) à tous.

J'aime vivre parmi ces animaux sauvages, ils sont purs et sans hypocrisie

Cette croix, ma force, mon combat contre tout envahisseur.

Michel Lephilipponnat
Photographe et correspondant de presse de presse
en Gironde 33300

Correction et mise en page par
Eric Jacobs
Editions Associatives du Blayais
Président de l'association « Les Ecriveurs de Gironde »
(aide à l'écriture et correction)

Tél. : 0636696274 / 0524215732